Klara Kirschbaum

Die Urgeschichte: Von Adam, Kain, Noah und Co.

Spannende Materialien für einen abwechslungsreichen Unterricht

PERSEN

Klara Kirschbaum studierte in Karlsruhe Lehramt für die Grundschule mit den Fächern Deutsch, Religion und Sachunterricht. Sie absolvierte das Referendariat an einer Grundschule in Köln und arbeitet seitdem in Hamburg. Klara Kirschbaum ist Autorin zahlreicher Lehrwerke.

1. Auflage 2024

AAP Lehrerwelt GmbH
Veritaskai 3
21079 Hamburg
Telefon: +49 (0) 40325083-040
E-Mail: info@lehrerwelt.de
Geschäftsführung: Andrea Fischer, Sandra Saghbazarian
USt-ID: DE 173 77 61 42
Register: AG Hamburg HRB/126335

Autorschaft:	Klara Kirschbaum
Covergestaltung:	TSA&B Werbeagentur GmbH, Hamburg
Coverillustration:	Katharina Reichert-Scarborough
Illustrationen:	Katharina Reichert-Scarborough (Hauptillustratorin), Satzpunkt Ursula Ewert GmbH (Musterbeutelklammer), Petra Lefin (Garten Eden), Steffen Jähde (Obst, Gedankenblase), Ute Ohlms (Waage), Renata Golaszewska (Herz), Christina Piper (wolkige Gedankenblase), Corina Beurenmeister (Taube, Taube mit Zweig, Turmbau zu Babel), Elisabeth Lottermoser (Faltanleitung), Nataly Meenen (Bau der Arche), Marion El-Khalafawi (Noah mit ausgestreckten Armen), Stefan Lucas (Taube nach rechts mit Zweig), Kristina Klotz (Fußabdruck).
Notensatz:	Notensatzstudio Nikolaus Veeser, Schallstadt
Satz:	Typographie & Computer, Krefeld
Druck und Bindung:	PMLS GmbH & Co. KG, Kassel

ISBN/Bestellnummer: 978-3-403-21220-1
www.persen.de

Inhaltsverzeichnis

Digitales Zusatzmaterial:

- Alle Arbeitsblätter (Word)
- Lösungen
- Urkunden
- Lernzielkontrolle „Das habe ich gelernt“
- Fachbegriffe zu den Erzählungen der Urgeschichte
- Lesetexte „Adam und Eva“, „Kain und Abel“, „Noahs Arche“ sowie „Turmbau zu Babel“

Vorwort und Hinweise

Das Buch Genesis ist in drei Hauptteile gegliedert, in die Urgeschichte (Kapitel 1–11), die Erzelternerzählungen (Kapitel 12–36) sowie die Josefsgeschichte (Kapitel 37–50). Die Urgeschichte erzählt uns von der Welt und den Menschen und enthält Lebensweisheiten, die uns auch heute noch helfen. Sie führt von der Schöpfung der Welt über die Vertreibung der Menschen aus dem Paradiesgarten und den Totschlag Abels sowie die beinahe Zerstörung der Welt durch die Sintflut bis zur Auffächerung der Menschen in viele Sprachen und Völker.
Warum isst Eva von der Frucht? Wie fühlt es sich an, eifersüchtig zu sein? Wie streitet man richtig? Welchen Bund geht Gott mit den Menschen ein? Wie kann ich die Schöpfung bewahren? Was wollen die Menschen mit dem Bau des Turms bezwecken? Warum können sich die Menschen plötzlich nicht mehr verständigen? Mit diesen und weiteren spannenden Fragen setzen sich die Kinder in diesem Themenheft auseinander. Sie denken über die Bedeutung des Regenbogens nach und lesen ein Interview mit der Schlange im Paradies. Die Schülerinnen und Schüler befassen sich mit der Eifersucht Kains auf seinen Bruder und lernen den Baum der Erkenntnis kennen. Sie setzen sich mit den Gründen für den Turmbau auseinander sowie mit Gottes Entscheidung, den Menschen verschiedene Sprachen zu geben. Sie begleiten Noah und seine Familie während der Sintflut und nehmen den Sündenfall und die Vertreibung aus dem Paradies unter die Lupe. Mithilfe von Standbildern setzen sich die Kinder mit Gefühlen auseinander, sie lösen Rätsel, lesen Texte, spielen Szenen, basteln und vieles mehr.
Sowohl durch fächerübergreifende Angebote und interessante Sachinhalte als auch durch verschiedene Aufgabenformate werden unterschiedliche Zugänge zum Thema ermöglicht und die Neugierde sowie das Interesse an diesen wichtigen Themen geweckt.

Hinweise zum Aufbau und Einsatz dieses Themenheftes

Das Heft bietet Materialien für die 2. bis 4. Klasse zu den Erzählungen der Urgeschichte. Sie können jedes Arbeitsblatt einzeln oder als Station/Werkstatt in Ihrer Klasse einsetzen.

Anspruchsvollere Aufgaben, die zur Differenzierung genutzt werden können, sind mit einem Stern markiert.

Besondere Schwerpunkte des Themenheftes sind wie folgt gekennzeichnet:

Projekt: Hier werden die Kinder selbst aktiv.

Spiel: Hier erwartet die Grundschulkinder ein Spiel.

Rätsel: Die Kinder erwerben Wissen, indem sie Rätsel lösen.

Interview: Hier wird Wissen durch ein (fiktives, lustiges) Interview vermittelt.

Rollenspiel: Die Kinder versetzen sich in die Lage von jemandem, spielen eine Rolle, machen ein Standbild ...

Kreativwerkstatt: Hier wird gebastelt, musiziert, gemalt ...

Hinweis zum Medienkompetenzrahmen

Dieses Heft enthält Aufgabenstellungen, die die Kinder dazu auffordern, verschiedene digitale Medien zu nutzen oder sich mit entsprechenden Inhalten auseinanderzusetzen. Dazu gehören auch Aufgaben, die auf die Recherche und/oder Verwendung von Bildern, Grafiken und/oder Screenshots aus dem Internet abzielen. Wir empfehlen, an geeigneter Stelle das Thema Urheberrecht mit den Kindern zu thematisieren und wie in Ihrer Schule damit umgegangen wird. Die Aufgaben dieses Heftes zielen auf einen Kompetenzerwerb in der Mediennutzung ab und thematisieren daher das Urheberrecht nicht gesondert.

Vorwort und Hinweise

Zusatzmaterial

Über einen Download erhalten Sie das Zusatzmaterial. Es enthält

- die Arbeitsblätter dieses Heftes im editierbaren Word-Format, sodass Sie die Arbeitsblätter selbst anpassen können,
- die Lösungen zu den Arbeitsblättern (PDF),
- eine Lernzielkontrolle,
- eine Liste mit wichtigen Fachbegriffen,
- die Lesetexte „Die Schlange im Paradies", „Noahs Arche", „Kain und Abel" und „Turmbau zu Babel" sowie
- Urkunden.

Tipps für die Praxis

- Zur Urgeschichte können lese- bzw. erzählbegleitend Bodenbilder entstehen. Durch das Bodenbild verbildlichen Kinder ihre Vorstellungen und verinnerlichen dadurch das Gehörte. Wird das Lesen oder Erzählen der Geschichte auf mehrere Unterrichtsstunden verteilt, bietet es sich an, das Bodenbild auf einem Tisch gestalten zu lassen, der in der nächsten Religionsstunde wieder in die Kreismitte geholt werden kann. Das Bild in der Mitte dient dann auch als Gedächtnisstütze zum Wiederholen der Inhalte. Als Gestaltungs- und Legematerialien für das Bodenbild sollten den Kindern verschiedenfarbige Stoffe, Tücher und Tonpapiere, Steine, Holzstäbe und -scheiben, Pfeifenputzer, Wollfäden, Holzklötze, Filzstücke, Perlen, Teelichter, Ringe u. v. m. zur Verfügung stehen.

- Um die Urgeschichte handlungsorientiert und aktiv zu gestalten, kann von den Schülerinnen und Schülern zu einer der Erzählungen eine Lern-Explosionsbox gebastelt werden. Dazu steht den Kindern eine gekaufte Geschenkebox zur Verfügung, in der Gottes-Bund-Girlanden, Schöpfung-schützen-Briefumschläge, Arche-Bilder oder Friedenstauben-Klappbücher entstehen. Am Ende stellen die Kinder ihre individuelle Box mit den vier gestalteten Seiten sowie der verzierten Mitte der Klasse vor.

- Wer digital arbeiten möchte, kann von den Schülerinnen und Schülern einen Kurzfilm zu einer Erzählung der Urgeschichte drehen lassen. Dazu werden Figuren, Gegenstände und Kulissen gebastelt und anschließend in Gruppenarbeit einzelne kleine Szenen der Geschichte nachgestellt. Aus Einzelfotofolgen kann mithilfe einer kostenlosen App auch ein Stop-Motion-Film entstehen.

1. **Lies die Schöpfungsgeschichte.**
2. **Schneide die beiden Kreise aus.**
3. **Male zu jedem Schöpfungstag ein passendes Bild.**
4. **Setze die Kreise mit einer Musterbeutelklammer zusammen.**

Die Schöpfungsgeschichte

nach Genesis 1,1-2,4a

Am Anfang trennte Gott das Licht von der Dunkelheit. Er sprach: „Es werde Licht."
Am zweiten Tag schuf Gott den Himmel und die Erde.
Am dritten Tag schuf Gott das Meer und das Land. Dann erschuf er die Pflanzen und ließ viele Gräser, Kräuter und Bäume wachsen.
Am vierten Tag schuf Gott die Sonne, den Mond und die Sterne. Es wurde Tag und es wurde Nacht.
Am fünften Tag schuf Gott die Tiere in der Luft und im Wasser.
Am sechsten Tag schuf Gott die Tiere, die auf dem Land leben. Ebenso schuf er den Menschen.
Am siebten Tag ruhte Gott. Er sah, was er erschaffen hatte, und sah, dass es gut war.

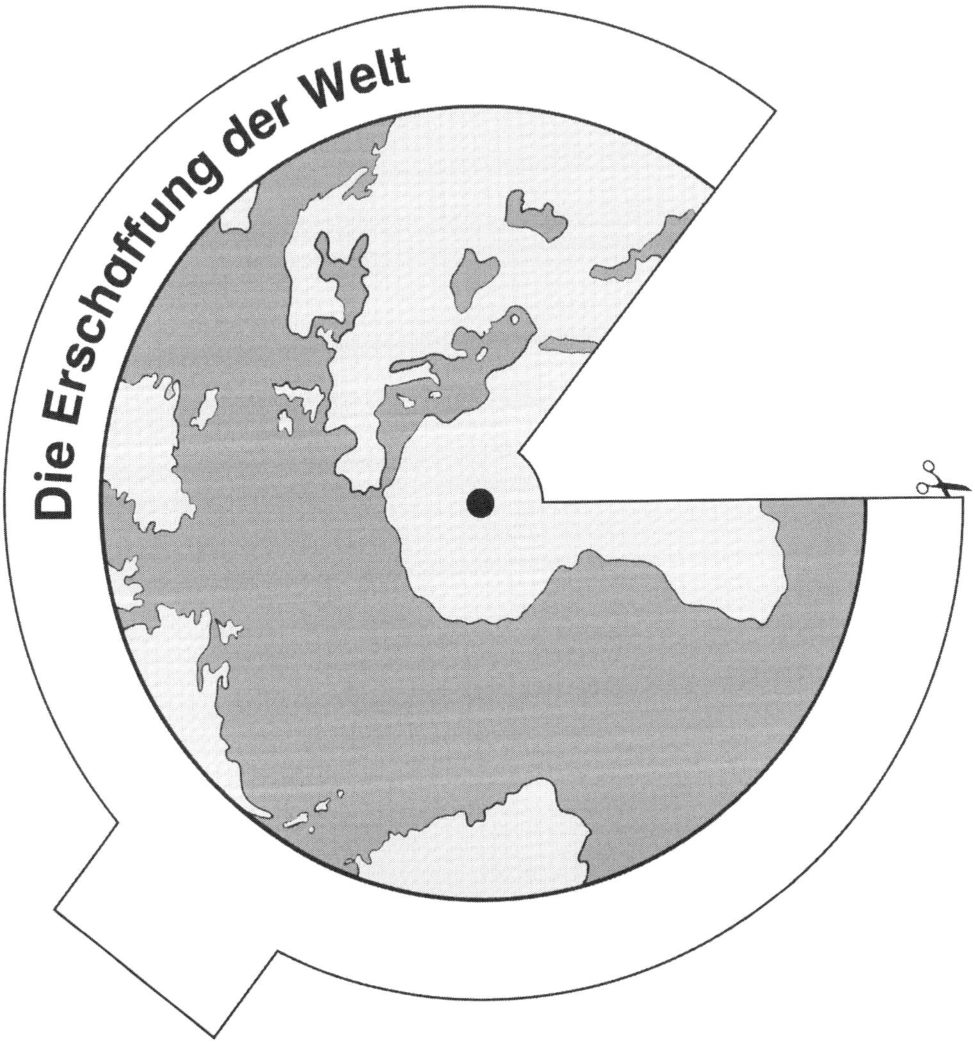

Die Erschaffung der Welt 2

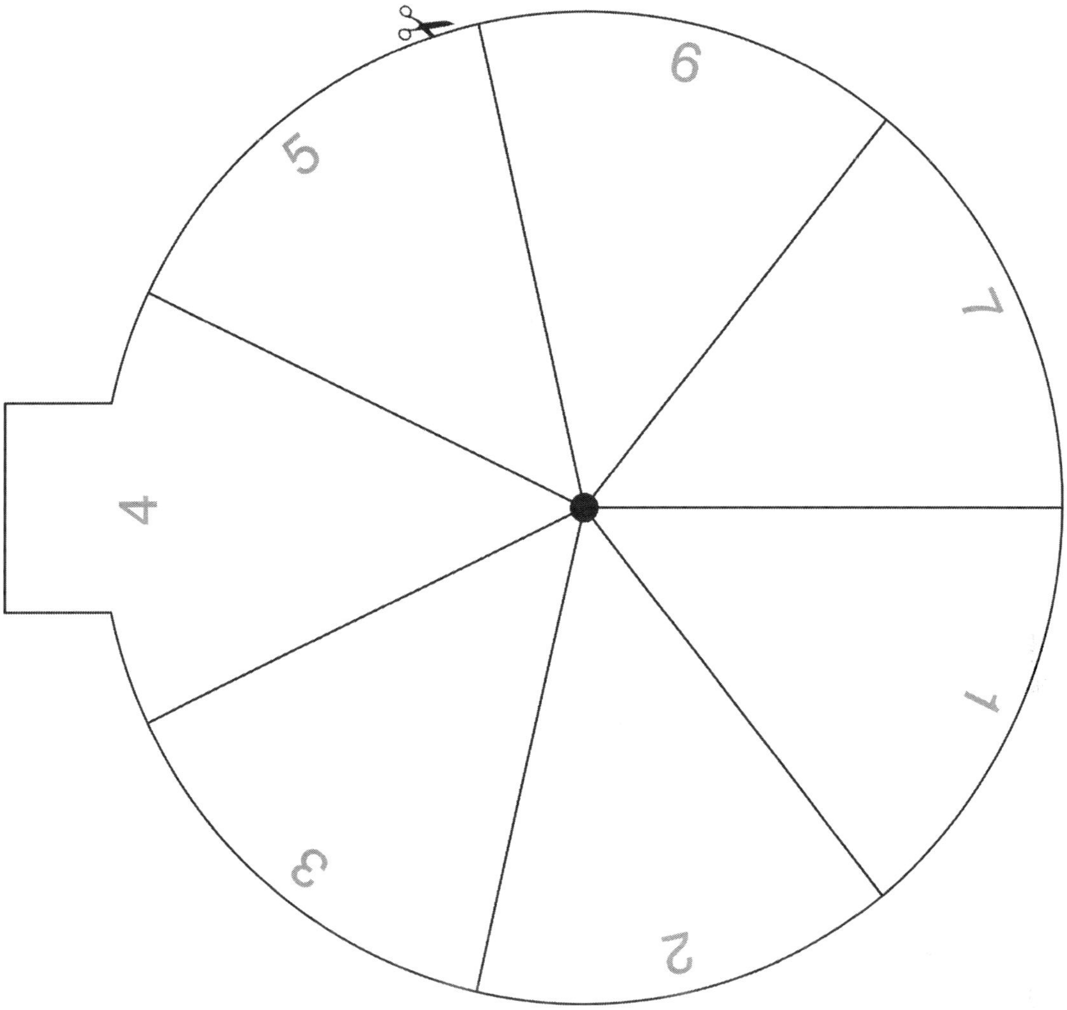

Das Paradies-Lesespiel 1

1. Schneide die Karten aus.

2. Lege sie richtig untereinander.

klug wie Gott selbst.“ Eva sah die verlockenden Früchte.

Sie streckte die Hand aus, pflückte neugierig eine Frucht und biss hinein. Sie schmeckte ...

---

vom Baum der Erkenntnis nicht. Adam und Eva lebten zufrieden und glücklich im Paradies.

Sie kannten keine Angst und keine Schmerzen. Gott sorgte für sie und war bei ihnen. Er war wie ein ...

---

den Garten. Er rief Adam und Eva, aber er konnte sie nicht finden. Ängstlich liefen sie davon und versteckten sich zwischen den Bäumen.

Gott hatte sie bereits gesehen. Adam gab zu, dass sie von dem Baum der Erkenntnis gegessen hatten. Eva gab die Schuld der ...

Schmerzen haben.“ Zu Adam sagte er: „Für deine Nahrung sollst du dein ganzes Leben hart arbeiten, weil du auf deine Frau gehört hast.“

Adam und Eva mussten den Garten verlassen. Gott gab ihnen alles, was sie zum Leben brauchten: Kleidung aus Fellen sowie Korn und Früchte. (Ende)

Garten Eden. Gott setzte den Menschen hinein. Der Garten war ein Paradies und der Mensch sollte ihn bebauen und beschützen.

Viele Bäume wuchsen in dem Garten, die Früchte trugen. Gott pflanzte mitten im Garten den Baum ...

Vater für seine Kinder. Der Mensch Adam und die Frau Eva waren beide nackt, aber sie schämten sich nicht.

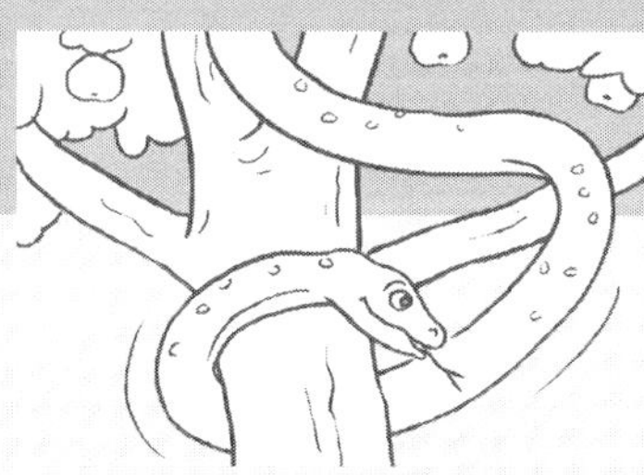

Im Garten Eden lebte auch eine Schlange. Sie war ...

des Lebens und den Baum der Erkenntnis des Guten und des Bösen.

Gott bemerkte bald darauf, dass der Mensch allein und einsam war. Gott ließ ihn in einen tiefen Schlaf fallen, nahm eine seiner ...

listig und kroch eines Tages zu Eva.

Sie sagte ihr: „Ihr werdet nicht sterben, wenn ihr vom Baum der Erkenntnis esst. Ihr werdet wie Gott sein und so ...

Schlange. Daraufhin verfluchte Gott die Schlange.

Sie musste ihr ganzes Leben auf dem Bauch kriechen. Zu Eva sprach er: „Wenn du Kinder bekommst, wirst du ...

Lesespiel
Die Schlange im Paradies

nach Genesis 2,3-3,24

Gott machte den Menschen aus Erde und hauchte ihm Lebensatem ein. Er pflanzte einen Garten, den ...

Rippen und formte daraus eine Frau. Er brachte sie zu dem Menschen.

Gott sagte den Menschen, dass sie von allen Früchten des Gartens essen dürfen, nur ...

köstlich. Dann gab Eva auch Adam die Frucht. Auf einmal sahen sie, dass sie nackt waren.

Sie schämten sich und banden sich Kleidung aus Feigenblättern um. Am Abend spazierte Gott durch ...

Adam und Eva im Garten Eden 1 (Stabpuppen)

1. Spiele das „Paradies-Lesespiel“.
2. Nimm dir Schaschlikspieße.
3. Schneide alle Vorlagen aus und klebe sie auf festen Karton.
4. Schneide sie erneut aus und gestalte Adam, Eva, die Schlange und den Baum der Erkenntnis.
5. Klebe Adam, Eva und die Schlange mit einem Klebestreifen auf die Spieße.
6. Stelle den Baum mithilfe von zwei Standfüßen auf.
7. Wie stellst du dir das Paradies vor?
   Male den Garten Eden und klebe das Bild auf festen Karton.
8. Stelle den Garten mithilfe von zwei Standfüßen auf.
9. Suche dir ein Partnerkind.
10. Spielt die Geschichte nach.

Tipp: Bewahre die Stabpuppen nach dem Spiel in einem Briefumschlag auf.

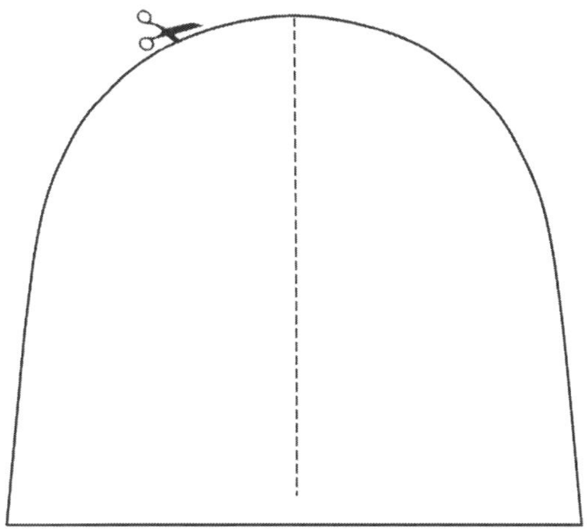

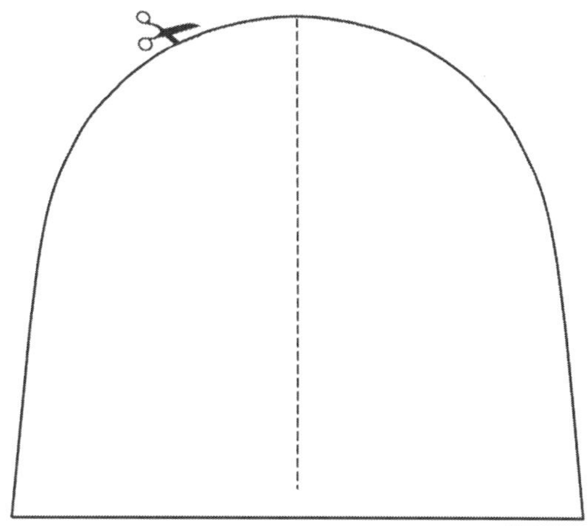

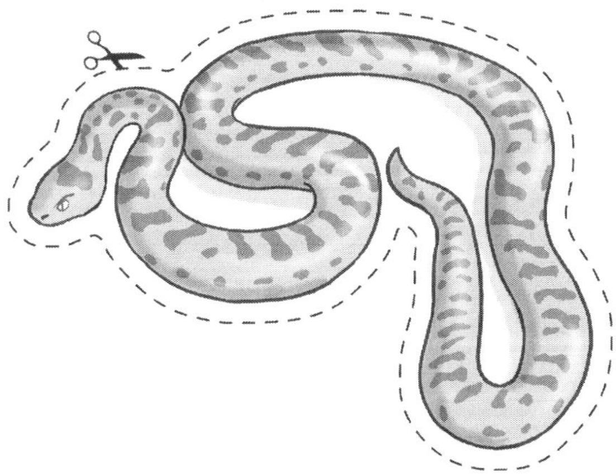

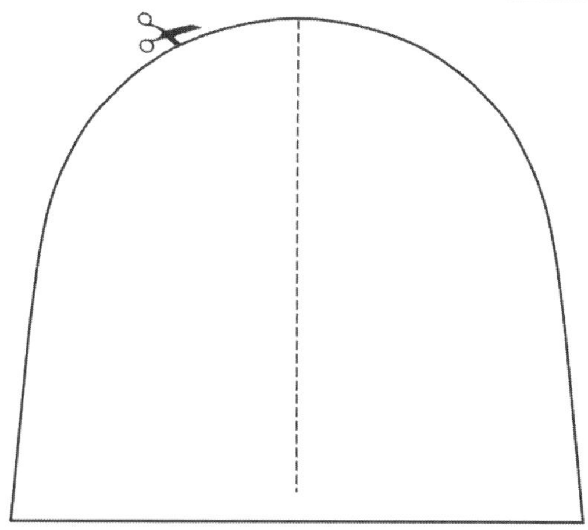

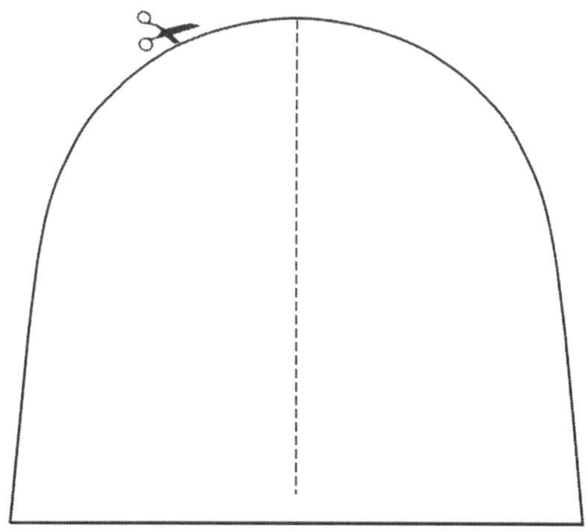

Adam und Eva im Garten Eden 2 (Stabpuppen)

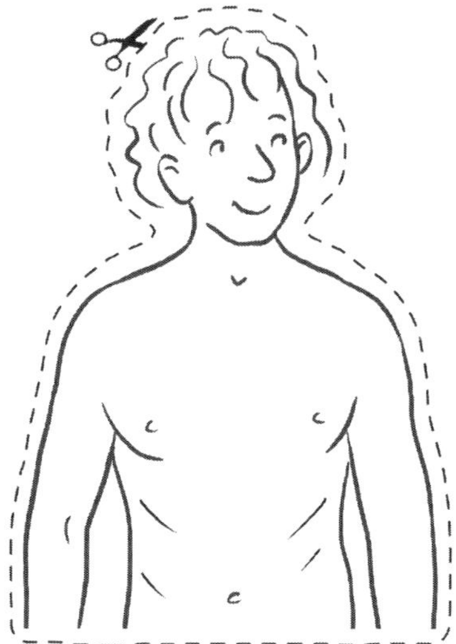

Die Schlange und der Apfel 1

1. Lies das Interview, das Samira Schaf geführt hat.

Samira Schaf: Hallo, Sasi Schlange. Vielen Dank, dass du dir heute die Zeit für mich nimmst.

Sasi Schlange: Hallo, Samira Schaf. Das mache ich wirklich gerne. Ich bin froh, wenn ich nicht den ganzen Tag im Baum hängen muss.

Samira Schaf: Was ist das denn für ein Baum, in dem du da bist?

Sasi Schlange: Das ist der Baum der Erkenntnis des Guten und des Bösen. Er steht mitten im Garten Eden.

Samira Schaf: Das heißt, wir befinden uns hier im Paradies? Wie spannend. Was bedeutet denn „Erkenntnis des Guten und des Bösen"?

Sasi Schlange: Es bedeutet, dass man etwas versteht und gutes und schlechtes Verhalten voneinander unterscheiden kann. Man weiß also, ob man sich in einer Situation richtig oder falsch verhält.

Samira Schaf: Heißt das, ich habe die Erkenntnis nun auch, weil ich hier mit dir am Baum stehe?

Sasi Schlange: Natürlich nicht! Du müsstest schon von den Früchten des Baumes essen. So wie Eva und Adam. Das haben sie getan, obwohl Gott es ihnen verboten hatte.

Samira Schaf: Dein Grinsen sagt mir irgendwie, dass du nicht ganz unschuldig daran bist.

Sasi Schlange: Sagen wir es so: Ich habe zu Adam und Eva gesagt, dass die Früchte des Baumes besonders lecker sind.

Samira Schaf: Und dann haben die beiden sie direkt genommen?

Sasi Schlange: Nein. Adam sagte, dass Gott es verboten habe und er es auch nicht tun würde.

Samira Schaf: Und dann?

Sasi Schlange: Dann habe ich zu Eva gesagt, dass sie dumm sind und dass Gott die Früchte nur verboten hat, damit sie nicht so schlau werden wie Gott. Und dann hat sich Eva eine Frucht genommen und sie sich genau angesehen.

Samira Schaf: Ich habe eine Ahnung, wie es weitergeht ...

Die Schlange und der Apfel 2

Sasi Schlange: Richtig! Eva hat sie probiert und dann auch Adam davon gegeben. Sie haben plötzlich gemerkt, dass sie nackt sind. Das ist ihnen vorher gar nicht aufgefallen. Ich habe mich dann schnell zurückgezogen, weil Gott schon nach ihnen gesucht hat. Und ich wollte keinen Ärger bekommen. Das hat aber nichts gebracht.

Samira Schaf: Wie listig von dir. Ich danke dir, Sasi, aber trotzdem, dass du dir Zeit genommen hast.

2. Verbinde die Satzteile. Die richtigen Buchstaben ergeben von 1 bis 5 gelesen ein Lösungswort.

1	Mitten im Garten Eden steht der …
2	Der Name bedeutet, dass man …
3	Um die Erkenntnis zu erlangen, muss man …
4	Adam und Eva essen von den Früchten, obwohl …
5	Sie erkennen plötzlich, dass sie …

von den Früchten des Baumes essen.	F
nackt sind.	L
Gott es ihnen verboten hat.	E
Baum der Erkenntnis des Guten und des Bösen.	A
etwas versteht und gutes und schlechtes Verhalten voneinander unterscheiden kann.	P

Lösungswort: ☐ ☐ ☐ ☐ ☐
1 2 3 4 5

3. Zwischen welchen beiden Möglichkeiten musste sich Eva entscheiden? Schreibe es jeweils neben die Waagschalen.

Jemandem die Schuld geben

1. Lies die Geschichte.

Es ist Pause. Alle Kinder laufen schnell zur Spieleausleihe, damit sie tolle Dinge zum Spielen bekommen. Emil steht in der Reihe ganz vorne und bekommt das Hüpfseil. Endlich! Er wollte es schon lange ausleihen, aber immer sind ihm andere Kinder zuvorgekommen. Da kommt Hedda gelaufen und nimmt ihm das Seil weg. Es kommt zum Streit und Hedda schubst Emil. Dann schubst Emil Hedda zurück. Plötzlich steht die Lehrerin neben den beiden und fragt: „Was ist denn hier passiert?“ „Emil hat angefangen. Er hat Schuld“, sagt Hedda sofort.

2. Überlegt gemeinsam und sprecht darüber:

- Wie fühlt sich Hedda?
- Wie geht es Emil?
- Kennt ihr auch so eine Geschichte?

3. Hast du auch schon mal jemandem zu Unrecht die Schuld gegeben? Beschreibe die Situation.

4. Wie hast du dich gefühlt? Male die Schlange in der passenden Farbe an.

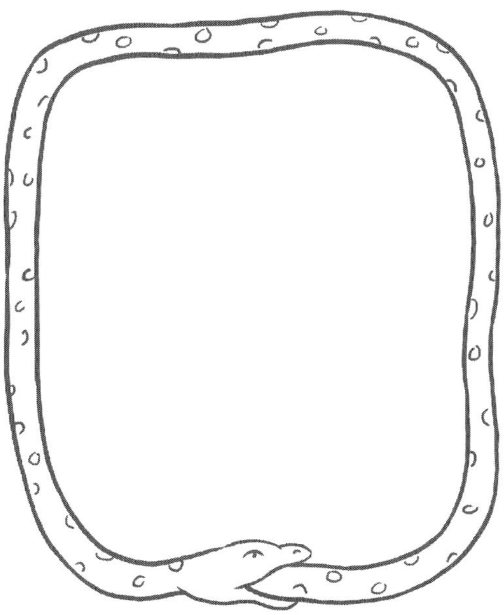

5. In der Bibel steht nicht das Wort „Schuld“, sondern das Wort „Sünde“. Was bedeutet es? Forsche dazu im Internet.

Die Vertreibung aus dem Paradies

1. Gott vertreibt Adam und Eva aus dem Paradies. Aber er gibt ihnen Dinge mit, die sie zum Leben brauchen. Welche Dinge sind das?

____

____

2. Wie müssen Adam und Eva leben, nachdem sie das Paradies verlassen mussten?

____

____

____

____

3. Welche Wörter passen zu Adam und Eva im Paradies? Welche Wörter passen zu ihrem Leben auf der Erde? Schreibe sie in die Kästen.

Paradies	**Leben danach**

4. Was ist für dich das Paradies? Beschreibe es so genau wie möglich mithilfe von Word. Beginne so: Das Paradies ist für mich ...

Mein Kain-und-Abel-Geschichten-Legekreis 1

1. Schneide die Kärtchen aus.

2. Lege sie zu einem Kreis zusammen.

Kain kann seine Wut nicht mehr unterdrü-cken, sie wird immer größer. Er fühlt sich unge-recht behandelt. Kain nimmt einen schweren Stein und erschlägt Abel.

Adam und Eva wurden aus dem Garten Eden verbannt. Sie leben nun an einem anderen Ort und haben zwei Söhne bekommen. Sie heißen Kain und Abel.

Gott stellt Kain zur Rede. Kain leugnet, dass er seinen Bruder getötet hat. Doch dann tut es ihm leid und er bereut es. Gott schickt Kain fort. Er schützt Kain mit einem Zeichen auf der Stirn, damit niemand Kain das antun kann, was er mit seinem Bruder gemacht hat.

Kain und Abel

nach Genesis 4.1-16

Gott sieht Abel und sein Opfer. Kain und sein Opfer sieht er nicht. Das macht Kain wütend und eifersüchtig. Er denkt: „Gott liebt nur Abel. Mich liebt er nicht."

Kain sammelt Früchte und verbrennt sie. Auch Abel dankt Gott mit einem Opfer. Er schlachtet ein Lamm und verbrennt es.

Kain ist ein Bauer, er arbeitet jeden Tag auf dem Acker. Sein Bruder Abel ist Hirte, er hütet die Schafe. Es geht ihnen gut und sie wollen Gott dafür mit einem Opfer danken.

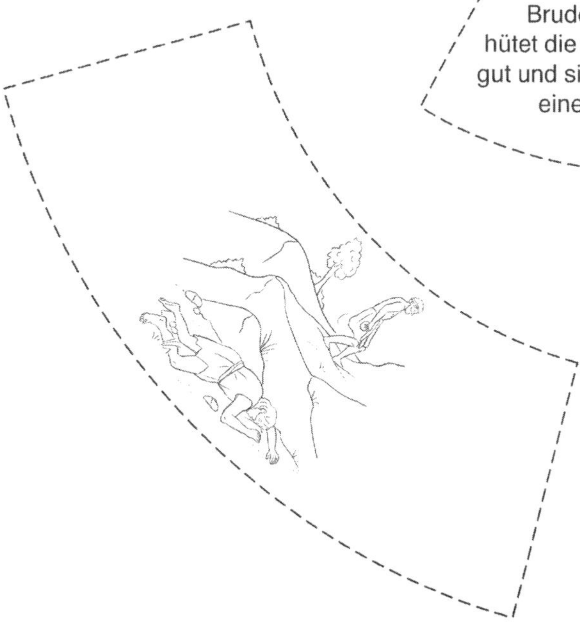

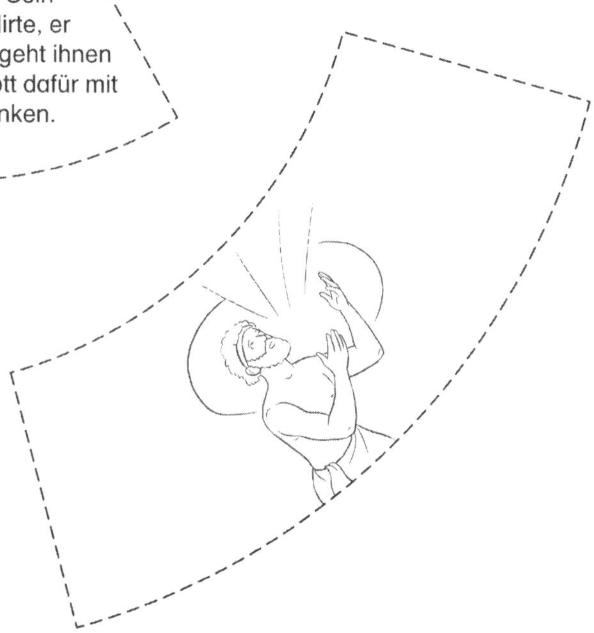

Mein Kain-und-Abel-Geschichten-Legekreis 2

Die Familie

Kain erschlägt Abel

Gott sieht nur Abels Opfer

Kain und Abels Berufe

Die Opfer

Gott schickt Kain fort

Kains Gefühle als Standbild

Eifersucht ist ein Gefühl.
Eifersucht hat auch viel mit Angst zu tun. Das Gefühl taucht auf, wenn man Angst hat, jemanden zu verlieren. Eifersucht fühlt sich schmerzhaft an, wenn wir die erhoffte Liebe oder Aufmerksamkeit nicht bekommen, und vermischt sich oft mit Traurigkeit und Ärger.

1. **Bildet Dreiergruppen.**
2. **Lest die Rollenkarte.**
3. **Überlegt gemeinsam und sprecht darüber:**
   - Wie fühlt sich Kain?
   - Welche Wörter passen zu Kains Gefühl?

neidisch	glücklich	wütend	stolz	
zornig	mutig	traurig	ängstlich	gelangweilt

4. **Entwickelt ein Standbild zu der Rollenkarte.**
   - Verteilt zuerst die Rollen.
   - Ein Kind übernimmt die Rolle der Regisseurin / des Regisseurs. Es sagt den Darstellerinnen und Darstellern, wie sie sich hinstellen sollen.
   - Überlegt gemeinsam, wie es Kain geht: Welchen Gesichtsausdruck hat er und welche Körperhaltung passt zu ihm?
   - Überlegt dann: Wie geht es Abel? Wie sieht er aus?

Rollenverteilung:

Regie: ______________________________

Kain: ______________________________

Abel: ______________________________

Ein Standbild sieht aus wie ein Foto bzw. ein angehaltener Film. Die Darstellerinnen und Darsteller frieren mit ihren Gesichtsausdrücken und in ihren Bewegungen ein.

Rollenkarte:

Kain ist ein Bauer, er arbeitet jeden Tag auf dem Acker. Sein Bruder Abel ist Hirte, er hütet die Schafe. Kain will Gott mit einem Opfer danken. Er sammelt Früchte und verbrennt sie. Auch Abel dankt Gott mit einem Opfer. Er schlachtet ein Lamm und verbrennt es. Gott sieht Abel und sein Opfer. Kain und sein Opfer sieht er nicht. Das macht Kain wütend. Er denkt: „Gott liebt nur Abel. Mich liebt er nicht."

Kain ist wütend und eifersüchtig. Wie fühlt es sich an, dass Gott nur Abel sieht und nicht ihn?

Manchmal fühle ich auch so 1

Gefühle wie Angst, Wut oder Neid kennen Menschen auch heute noch. Gefühle tauchen auf und vergehen wieder. Sie begleiten uns ein Leben lang auf Schritt und Tritt und zeigen uns, ob uns etwas guttut oder nicht. Gefühle kannst du dir wie einen Wegweiser vorstellen.

1. Hast du die Gefühle auch schon einmal gespürt? Suche dir ein Gefühl aus. Beende die Sätze.

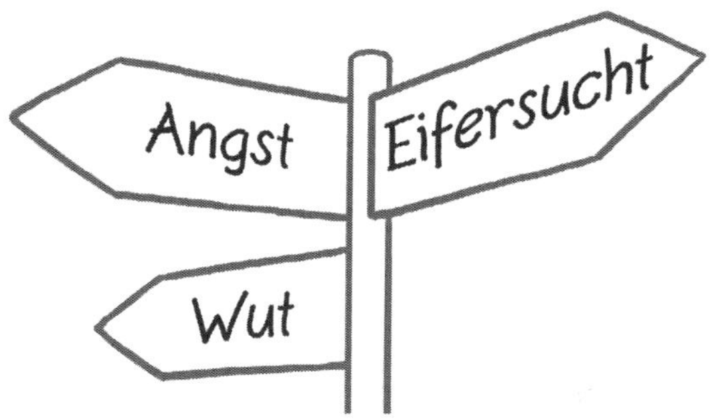

Eifersucht hat die Farbe ______________________________

Eifersucht fühlt sich an wie ______________________________

Das letzte Mal war ich eifersüchtig als ______________________________

Angst hat die Farbe ______________________________

Angst fühlt sich an wie ______________________________

Das letzte Mal war ich ängstlich als ______________________________

Wut hat die Farbe ______________________________

Wut fühlt sich an wie ______________________________

Das letzte Mal war ich wütend als ______________________________

2. Arbeitet zu zweit.
Überlegt gemeinsam und sprecht darüber:

- Was wäre passiert, wenn Kain und Abel gemeinsam ein Opfer für Gott gebracht und ihm so gedankt hätten?
- Was wäre passiert, wenn die Brüder miteinander geredet und Kain über seine Gefühle gesprochen hätte?

3. Sucht euch zwei Gefühle aus. Welcher Gesichtsausdruck passt zu dem Gefühl? Welche Körperhaltung ist passend? Arbeitet zu zweit. Fotografiert euch gegenseitig. Achtet auf Gestik und Mimik. Wählt zwei Fotos aus und klebt sie hier ein:

Neid und Dankbarkeit

Wenn wir neidisch auf das sind,
was andere haben, vergessen wir manchmal, was
wir selbst haben. Wir können das Gefühl Neid vertreiben,
indem wir dankbar sind für das, was wir haben, und uns
darüber freuen. Auch Abel hat vergessen, was er
bereits hat: Er muss nicht hungern und ist
ein erfolgreicher Bauer.

1. Wofür bist du dankbar?
Schreibe oder male in jeden Rahmen eine Sache.

Dafür bin ich dankbar.

Dafür bin ich dankbar.

Dafür bin ich dankbar.

Was kann Kain gegen seine Wut tun?

1. **Arbeitet zu zweit.**
   Überlegt gemeinsam und sprecht darüber:
   - Was kann man tun, wenn man wütend ist? Denkt zum Beispiel an: bis 10 zählen, tief einatmen und ausatmen, ...
2. **Schreibt auf jede Leporelloseite einen Tipp.**
3. **Schneidet die Leporelloseiten aus und klebt sie zusammen.**

Wenn man Wut im Bauch hat

Richtig streiten und versöhnen 1

1. Arbeitet zu zweit.
Überlegt gemeinsam und sprecht darüber:
- Wann habt ihr euch das letzte Mal mit jemandem gestritten?
- Wie hat sich das angefühlt?

2. Denke an deinen letzten Streit.
Wie streitet man sich richtig?
Male die richtigen Felder an.

Den anderen nicht ausreden lassen.

Dem anderen Kind zuhören.

Sich bei dem anderen entschuldigen.

Schimpfwörter benutzen und beleidigen.

Während des Streits weglaufen und sich verstecken.

Das andere Kind schubsen und schlagen.

Eigene Fehler eingestehen.

Eine Entschuldigung annehmen.

Die eigenen Gefühle äußern.

Sich gegenseitig anschreien.

Gemeinsam eine Lösung suchen.

3. Ein wichtiger Schritt, um sich nach einem Streit wieder zu versöhnen, ist eine Entschuldigung.
Welche Satzanfänge passen zu einer Entschuldigung?
Male sie an.

Es tut mir leid, dass …

Wenn ich etwas für dich tun kann ...

Du solltest dich entschuldigen, weil …

Ich entschuldige mich für …

Dein Verhalten war falsch, weil ...

Mein Verhalten war falsch, weil ...

Beim nächsten Mal …

4. Welche Angebote für eine Versöhnung kennst du?
Schreibe in jedes Herz eine Idee.

Denke zum Beispiel an: einen Brief schreiben, dem anderen helfen, eine Umarmung …

5. Stell dir vor, Kain hat Abel auf das Feld gebeten. Sie streiten sich.
Aber dann bemerkt Kain, dass er Abel unrecht tut.
Er möchte sich bei seinem Bruder entschuldigen und einen Brief schreiben.
Schreibe seinen Brief mithilfe von Word.

Kains Gebet

Kain hat Abel erschlagen. Er war blind vor Wut. Er hat sich ungerecht behandelt gefühlt. Gott stellt Kain zur Rede. Erst leugnet Kain, dass er seinen Bruder getötet hat. Doch dann wird ihm bewusst, was er getan hat. Jetzt tut es ihm sehr leid und er bereut es.

1. **Stell dir vor, du bist Kain.**
   Du denkst darüber nach, was du getan hast.
   Du merkst, dass du einen Fehler gemacht hast.
   Schreibe ein Gebet.
   Beginne mit: Lieber Gott, ich wollte Abel nicht töten ...

2. **Arbeitet zu zweit.**
   Überlegt gemeinsam und sprecht darüber:
   - Warum hat Kain von Gott ein Zeichen auf der Stirn bekommen?

Mein Noah-Erzähl-Büchlein 1

1. **Schneide die Vorlage aus.**
2. **Falte die Vorlage nach Anleitung.**
3. **Falte das Heft.**

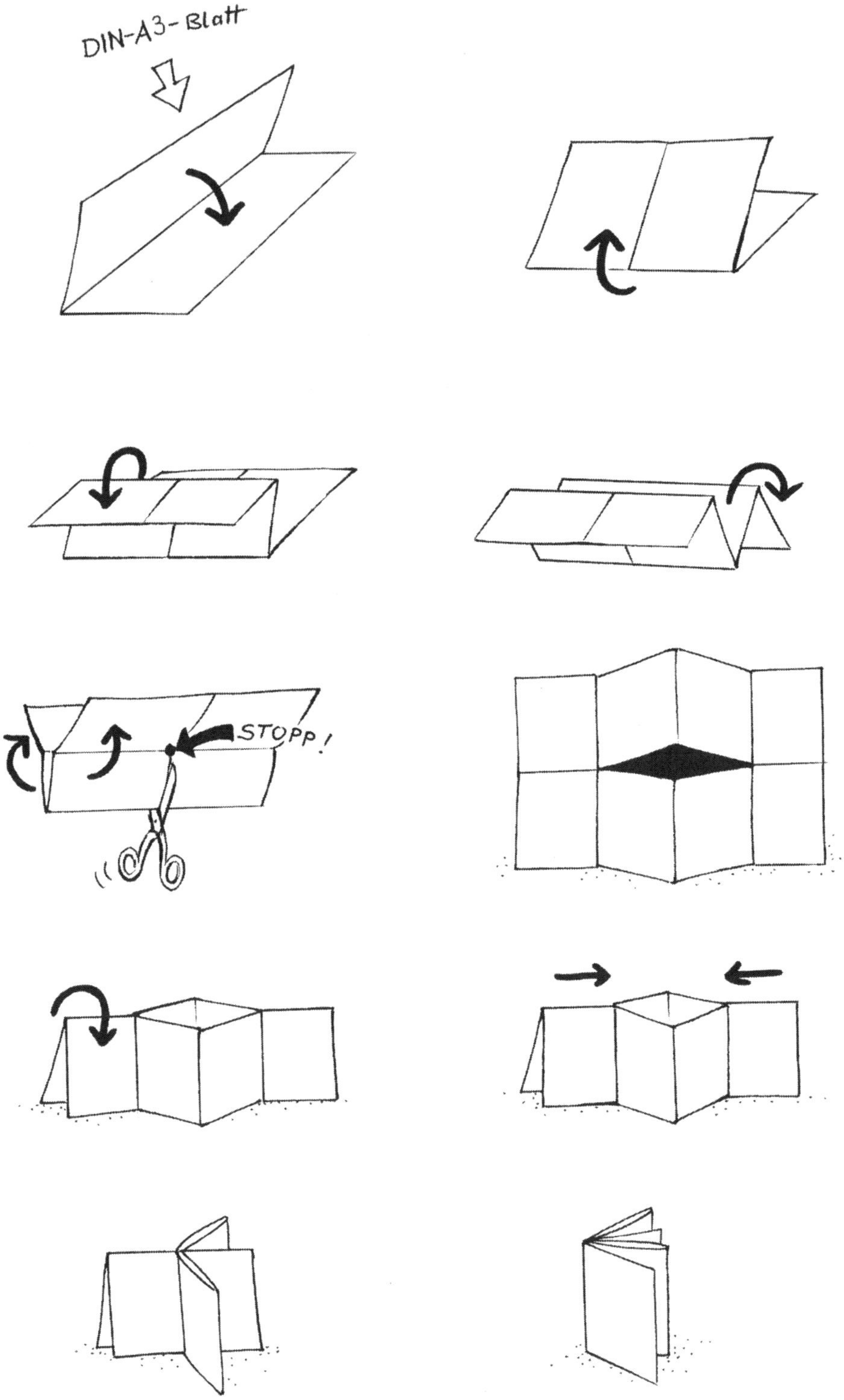

4. **Lies die Texte und male passende Bilder.**

1

Noah und die Sintflut

nach Genesis 6,5-8,22

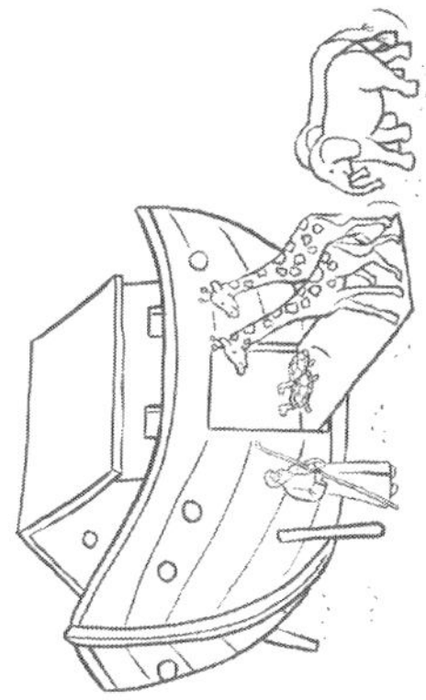

2

Gott ist traurig, als er sieht, dass die Menschen böse sind: Sie lügen, stehlen, betrügen und töten. Gott beschließt, eine Sintflut über die Erde zu schicken.

3

Noah und seine Familie sind anders – sie sind gut. Gott wählt Noah aus und sagt zu ihm, dass er ein großes Schiff bauen soll.

4

Noah beginnt sofort, die Arche zu bauen. Als die Arche fertig ist, nimmt Noah von jeder Tierart zwei Tiere in die Arche. So hat Gott es ihm aufgetragen.

5

Auch seine Familie geht an Bord. Gott schickt eine große Flut. Es regnet 40 Tage und 40 Nächte. Bald ist alles im Wasser versunken.

6

Noah und seine Familie verbringen eine lange Zeit auf der Arche. Die Familie hat große Angst. Sie verlieren die Hoffnung.

7

Noah aber weiß, dass sie keine Angst haben müssen. Als es zu regnen aufhört, schickt Noah drei Tauben los. Sie sollen Land suchen.

8

Die zweite Taube kehrt mit einem Ölzweig im Schnabel zurück. Nun weiß Noah: Alles ist in Ordnung. Als Zeichen schickt Gott einen Regenbogen. Er zeigt, dass Gott die Erde nie wieder im Wasser versinken lassen wird. Er erinnert daran, dass Gott immer für die Menschen da ist.

Gottes Auftrag

1. **Welche Wörter passen zu Noah und seiner Familie?**
   Male sie grün an.
2. **Welche Wörter passen zu den anderen Menschen?**
   Male sie gelb an.

unfreundlich

freundlich

gerecht

schlecht

egoistisch

gut

nett

gierig

böse

hilfsbereit

3. **Was hat Gott vor?**
   Was denkt er über die Menschen?
   Schreibe es in die Sprechblase.

Noah baut eine Arche

1. **Bildet Vierergruppen.**
2. **Lest euch die Rollenkarte durch.**
3. **Spielt die Situation auf der Karte nach.**
   - Verteilt zuerst die Rollen.
     Ein Kind spielt Noah.
     Zwei Kinder spielen die Menschen, die Noah warnt.
     Ein Kind kann die Spielleitung übernehmen.
   - Überlegt euch:
     Was sagen die Menschen zu Noah?
     Worüber lachen sie?
     Was wird Noah ihnen antworten?

Rollenverteilung:

Spielleitung: ______________________________

Noah: ______________________________

andere Menschen: ______________________________

____

Rollenkarte:

Noah beginnt sofort mit dem Bau der Arche. Als die Menschen das sehen, staunen sie nicht schlecht. Viele kommen herbeigelaufen, sie wollen sich die Arche ansehen.
Noah erzählt den Menschen:
„Eine Flut wird kommen."
Da lachen die Menschen.
Sie sagen: „Du bist verrückt!"
Noah aber warnt sie vor dem Zorn Gottes.

Die große Flut kommt 1

Noah, seine Frau und die drei Söhne mit deren Frauen und Kindern gehen auf die Arche. Von jeder Tierart nimmt Noah ein Männchen und ein Weibchen mit.

1. **Schneide die beiden Teile der Arche aus.**
2. **Male Noah mit seiner Familie und die Tierpaare in das Innere der Arche.**
3. **Wen würdest du mit in die Arche nehmen?**

   Male es auf die Außenseite der Arche.

   Schreibe auch eine Begründung dazu.
4. **Bestreiche mit einem Klebestift die Klebelasche.**

   Klebe die Außenseite auf die Innenseite.

Sie soll so angeklebt werden, dass die Außenseite heruntergeklappt werden kann.

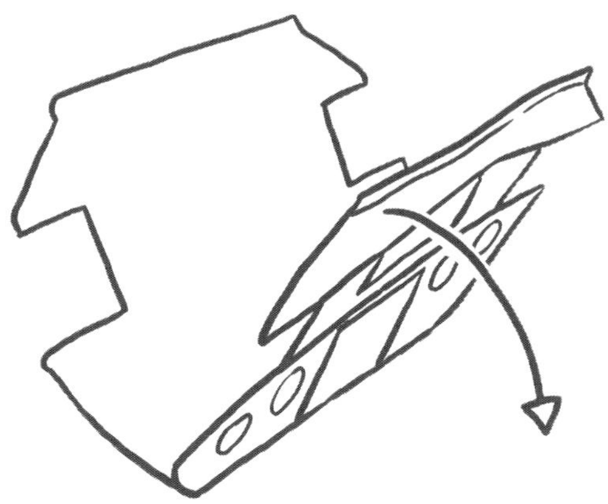

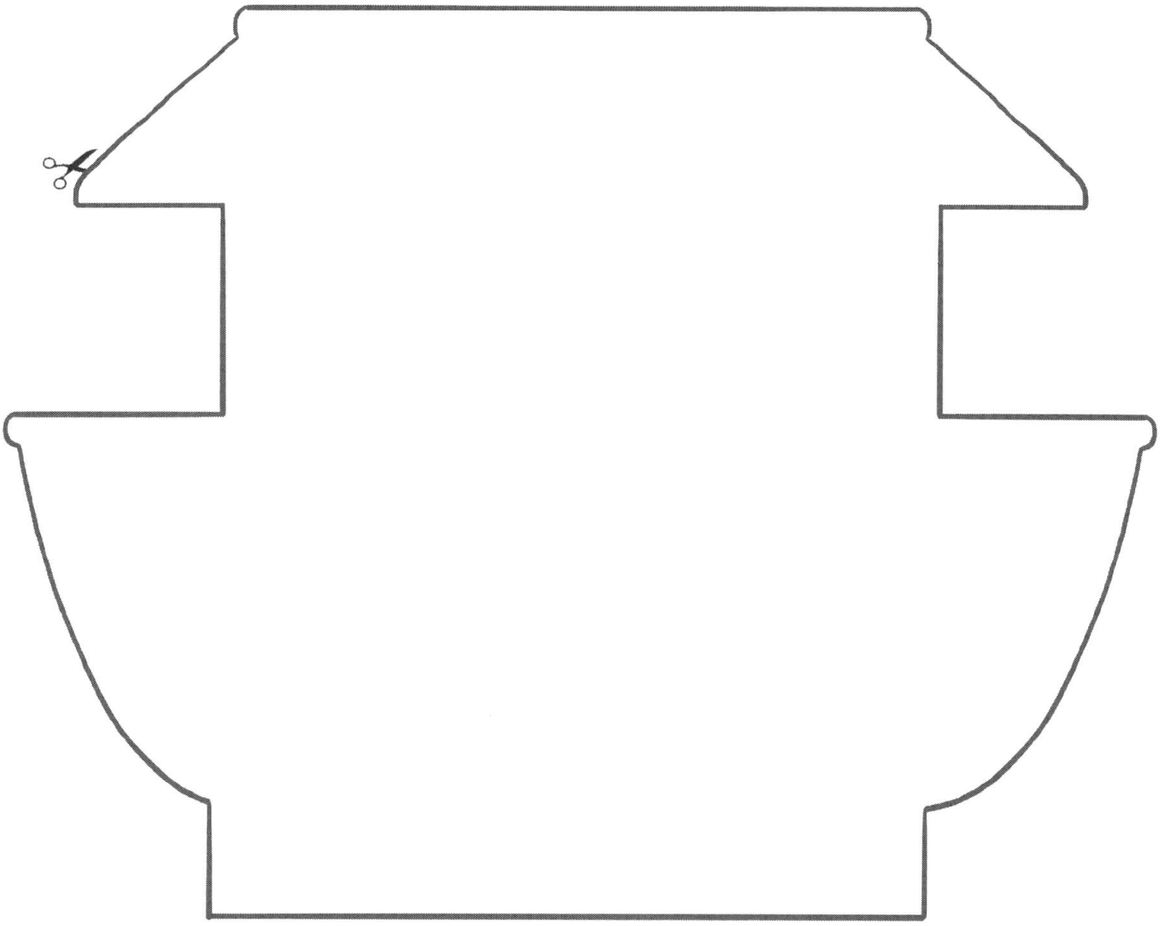

Das Innere der Arche

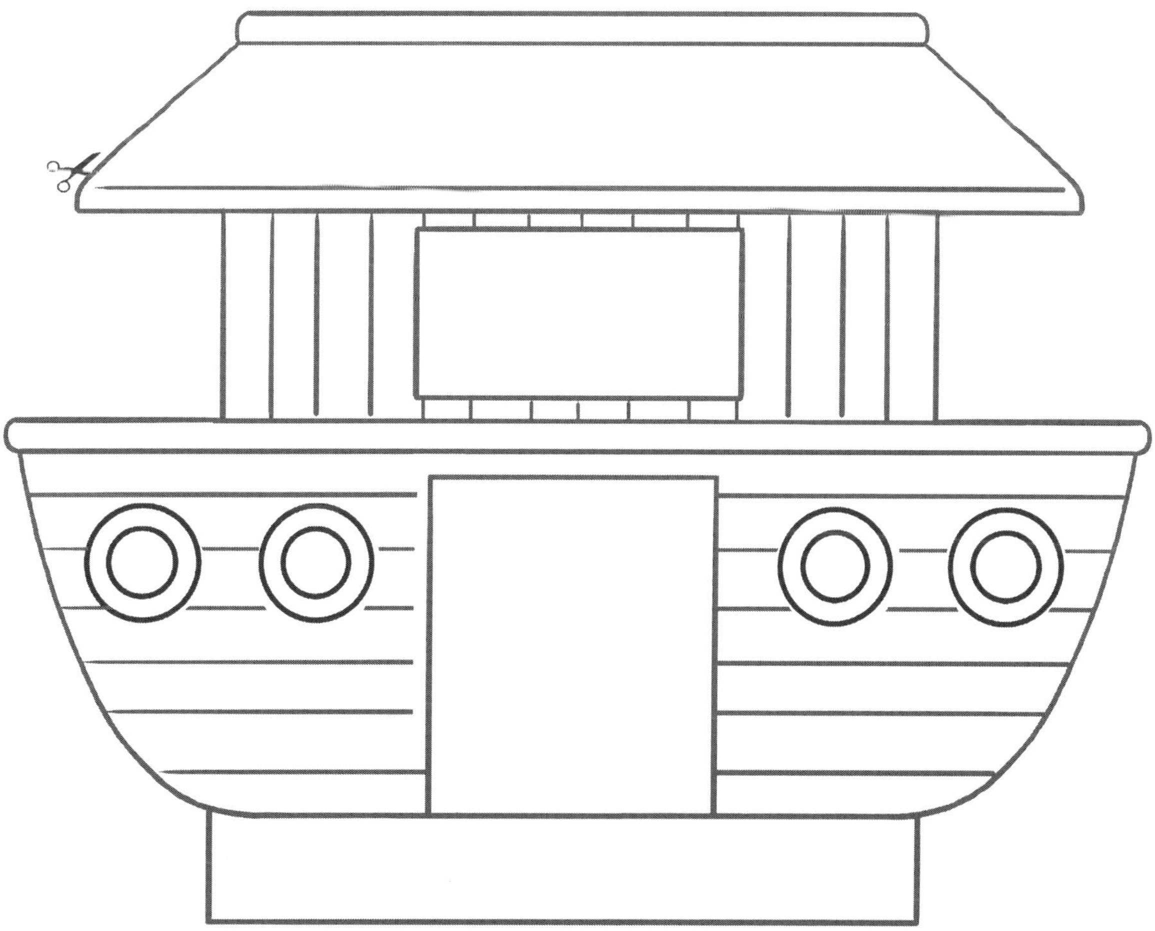

Die Außenseite der Arche

Auf der Arche

Dunkle Wolken und ein starker Wind ziehen auf. Es regnet 40 Tage und 40 Nächte. Bald ist alles im Wasser versunken. Selbst die höchsten Berge sind verschwunden. Noah und seine Familie verbringen eine lange Zeit auf der Arche. Die Familie hat große Angst. Sie verlieren die Hoffnung: „Ob wir jemals von der Arche kommen? Ob Gott uns noch beschützt?“

1. **Wie fühlt sich die Familie? Schreibe es in die Regenwolke.**
   Was wünschen sie sich?
   Schreibe es in die Sonne.

2. **Noah aber weiß, dass Gott sie alle beschützen wird.**
   Was sagt Noah zu seiner Familie?
   Schreibe es in die Sprechblase.

3. **Die Familie hat Angst. Wie fühlt sich das an? Welcher Gesichtsausdruck passt? Welche Körperhaltung ist passend? Arbeitet zu zweit. Fotografiert euch gegenseitig. Achtet auf Gestik und Mimik.**

Eine Friedenstaube basteln

Die zweite Taube kehrt mit einem Ölzweig zurück. Für Noah bedeutet dies, dass die Flut überstanden und auch der Zorn Gottes verebbt ist. Gott hat Frieden mit den Menschen geschlossen.

1. Bastle eine Taube.

Du brauchst:

- weißes Tonpapier
- Buntstifte
- Faden
- Klebestreifen
- Klebestift
- Schere

So geht es:

1. Schneide die Vorlagen aus.
2. Übertrage sie auf weißes Tonpapier und schneide den Körper und die Flügel der Taube aus.
3. Klebe die Flügel an den Körper.
4. Du kannst der Taube Augen und einen bunten Schnabel malen.

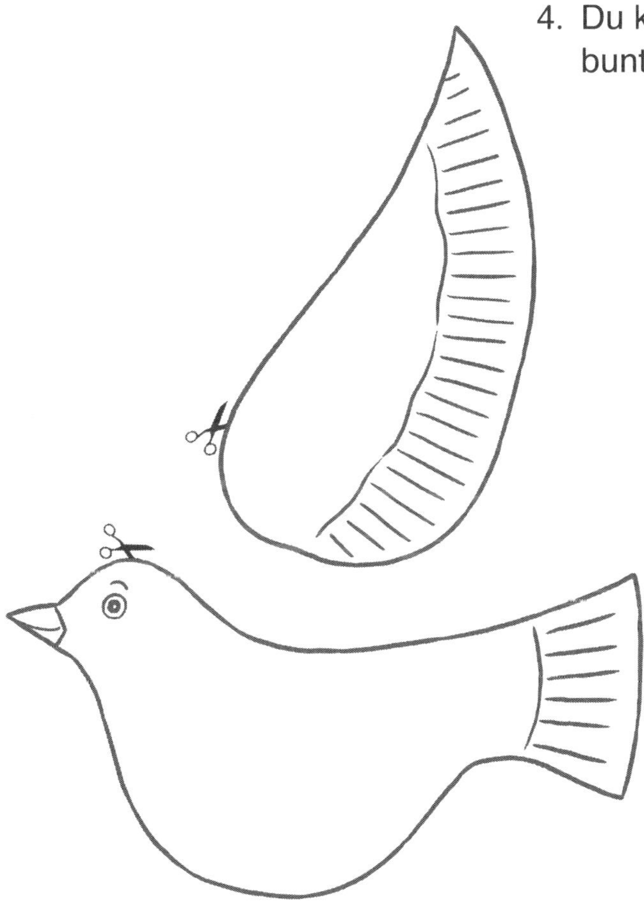

2. Womit kehrt die zweite Taube zurück?

Male es auf ein Blatt Papier.

Schneide es aus und klebe es an den Schnabel der Taube.

3. Welche Bedeutung hat die Taube für Noah und die Menschen?

Schreibe einen passenden Satz auf die Taube.

4. Nimm dir einen Faden. Klebe eine Seite des Fadens mit einem Klebestreifen an die Taube.

Nun kannst du die Taube aufhängen.

Gottes Regenbogen (Lied)

Gottes Regenbogen

Text: Rolf Krenzer
Melodie: Reinhard Horn

2. Gottes Regenbogen über unsrer Welt
   zeigt, dass Gott trotz allem immer zu uns hält.

3. Gottes Regenbogen soll das Zeichen sein:
   Was auch mag geschehen, wir sind nicht allein.

4. Weil nur Gottes Liebe, Gottes Treue zählt,
   steht der Regenbogen über unsrer Welt.

5. Seht das Himmelszeichen und macht euch bereit
   für die Welt des Friedens, der Gerechtigkeit.

6. Seht, die Himmelsbrücke, sie hat einen Grund.
   Gottes Regenbogen: alter, neuer Bund.

1. Male ein passendes Bild auf einem Extra-Blatt.
2. Beende den Satz:
Gott verspricht ...
Schreibe den Satz zum Bild.

Die Schöpfung bewahren

Gott möchte, dass die Menschen gut mit der Erde und allen Lebewesen auf der Erde, wie den Tieren, den Pflanzen und anderen Menschen, umgehen. Die Menschen sollen die Schöpfung also bewahren.

1. Wie kannst du die Erde schützen? Male die passenden Sätze an.

Ich trenne den Müll.

Ich fahre mit dem Fahrrad zur Schule.

Ich versuche, Dinge, die kaputt sind, zu reparieren.

Alte Kleidung werfe ich in den Müll.

Ich werde mit dem Auto zur Schule gebracht.

Ich benutze einen Stoffbeutel zum Einkaufen.

Ich werfe den Müll in den Wald.

Ich benutze eine Plastiktüte zum Einkaufen.

Wenn ein Spielzeug kaputt ist, werfe ich es weg.

Alte Kleidung verschenke ich.

2. Wie kannst du die Erde noch schützen? Schreibe deine Ideen auf den Fußabdruck.

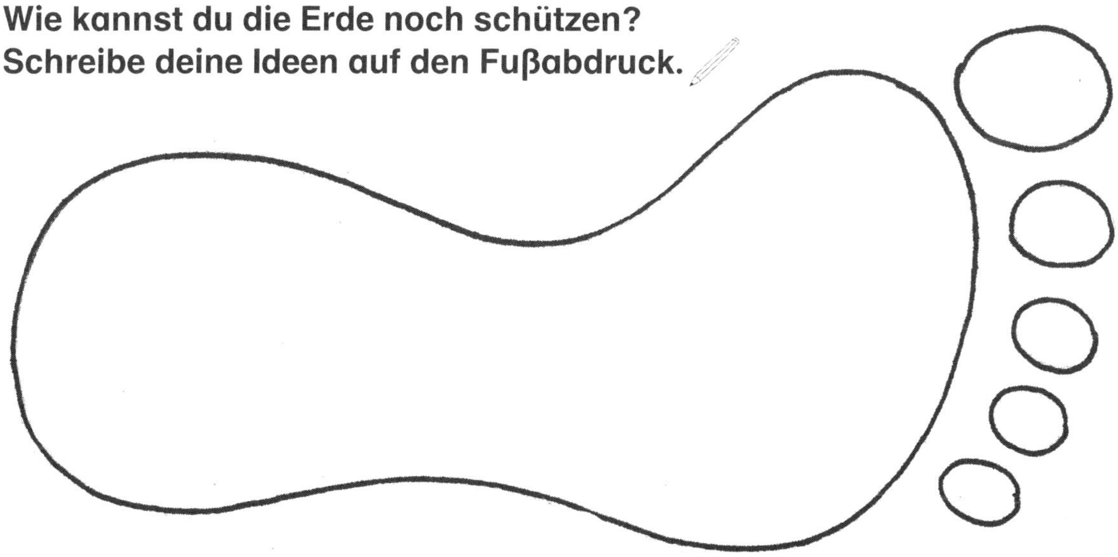

Turmbau-Flip-Book 1

1. **Schneide die Seiten aus.**
2. **Fülle die Seiten.**
3. **Klebe sie so hintereinander, dass ein kleines Heft entsteht.**

   Achtung: Alle Zahlen am unteren Rand sollen zu lesen sein.

Turmbau zu Babel

nach Genesis 11,1-9

Fülle die Lücken.
Diese Wörter helfen dir:

Menschen	geändert	Wörtern	gleiche

Es gab eine Zeit, da sprachen alle ___________ auf der Welt die ___________ Sprache und sie konnten sich mit denselben ___________ verständigen. Warum sich das ___________ hat? Davon erzählt diese Geschichte.

1

Fülle die Lücken.
Diese Wörter helfen dir:

Lehmziegel	brechen	Stadt	Land

Die Menschen ___________ auf und kommen zu einer Ebene im ________ Schinar. Hier lassen sie sich nieder. Sie formen und brennen _______________ und bauen daraus eine ________.

2

Fülle die Lücken.
Diese Wörter helfen dir:

Namen	Turm	Gott	Himmel

Die Menschen beschließen, dass die Stadt einen hohen ________ haben soll. Er soll so hoch sein, dass er den ___________ berührt. Sofort beginnen sie mit der Arbeit. Sie wollen sich selbst einen ___________ machen und bis zum Himmel reichen. Dabei vergessen sie _______.

3

Fülle die Lücken.
Diese Wörter helfen dir:

Sprachen	weiterbauen	Einsturz	hochmütig

Gott sieht den Turm und bestraft die Menschen dafür, dass sie unersättlich und ________________ sind. Er lässt sie verschiedene ______________ sprechen. Was der eine sagt, kann der andere nicht mehr verstehen. Jetzt können sie sich nicht mehr unterhalten und nicht mehr zusammen ____________________. Daraufhin bringen die Menschen den Turm zum ______________ und zerstreuen sich über die ganze Erde.

4

Sprachen in Babylon (Turm) 1

Die Menschen beschließen, einen so hohen Turm zu bauen, dass er den Himmel berührt.

1. **Bastle ein Puzzle.**

Du brauchst:

- Schere
- Klebestift
- Buntstifte
- ein Extra-Blatt

So geht es:

1. **Schneide die Puzzleteile aus.**
2. **Setze sie zusammen und klebe sie anschließend auf ein Extra-Blatt.**
3. **Male das zusammengesetzte Bild aus.**

2. **Plötzlich verstehen sich die Menschen nicht mehr.**
   Was haben sie gesagt?
   Schreibe Wörter in die Sprechblasen und klebe sie dann zum Bild.

   Schreibe Wörter in verschiedenen Sprachen auf.
   Recherchiere dazu im Internet und übersetze Wörter.

Sprachen in Babylon (Turm) 2

Sprachverwirrung

**1. Was macht Gott wütend?
Schreibe es in den Turm.**

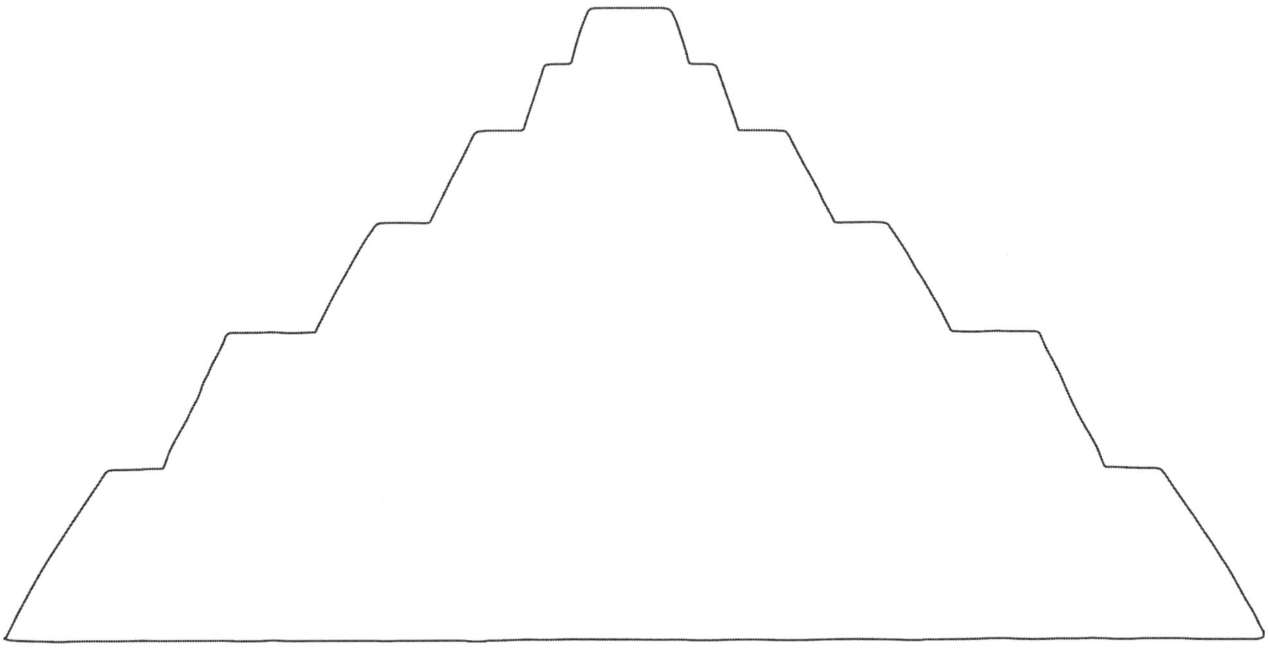

**2. Plötzlich verstehen sich die Menschen nicht mehr.
Wie fühlen sie sich?
Was denken sie?
Schreibe es in Gedankenblasen.**

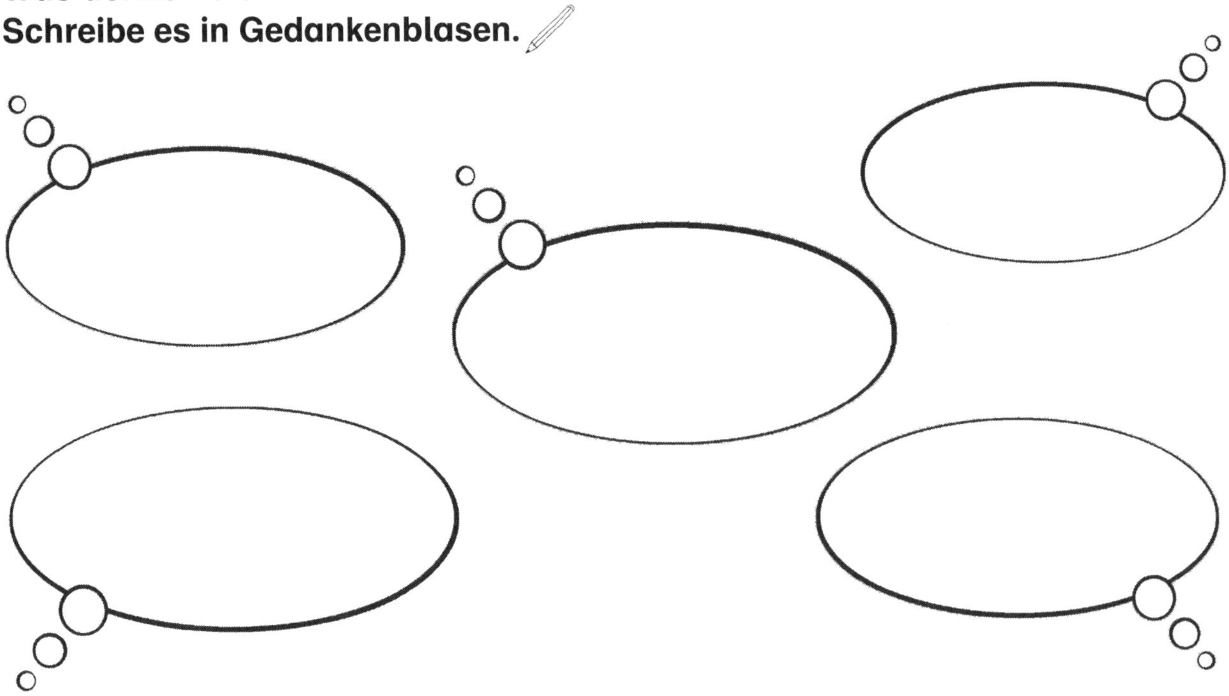

3. Was geschieht mit den Menschen nach dem Turmbau?

___

___

___

Quiz mit Spielplan 1

Erstelle gemeinsam mit deiner Klasse ein Quiz zu den Geschichten „Adam und Eva“, „Kain und Abel“, „Noahs Arche“ sowie „Turmbau zu Babel“.

1. **Denke dir Fragen zu den biblischen Geschichten aus.**
2. **Schreibe je eine Frage auf die obere Hälfte des Fragekärtchens und die Antwort auf die untere Hälfte.**
3. **Schneide die Fragekärtchen aus, knicke sie entlang der gestrichelten Linie und klebe die beiden Hälften zusammen.**
4. **Sammelt die fertigen Karten. Nun könnt ihr das Quiz starten!**

Quiz mit Spielplan 2

Lege die Quizfragen auf das große Feld in der Mitte. Immer wenn eine Spielerin/ein Spieler auf einem Feld mit einem Ausrufezeichen landet, muss sie/er eine Frage beantworten. Antwortet sie/er falsch, muss sie/er zur Strafe drei Felder zurückgehen.

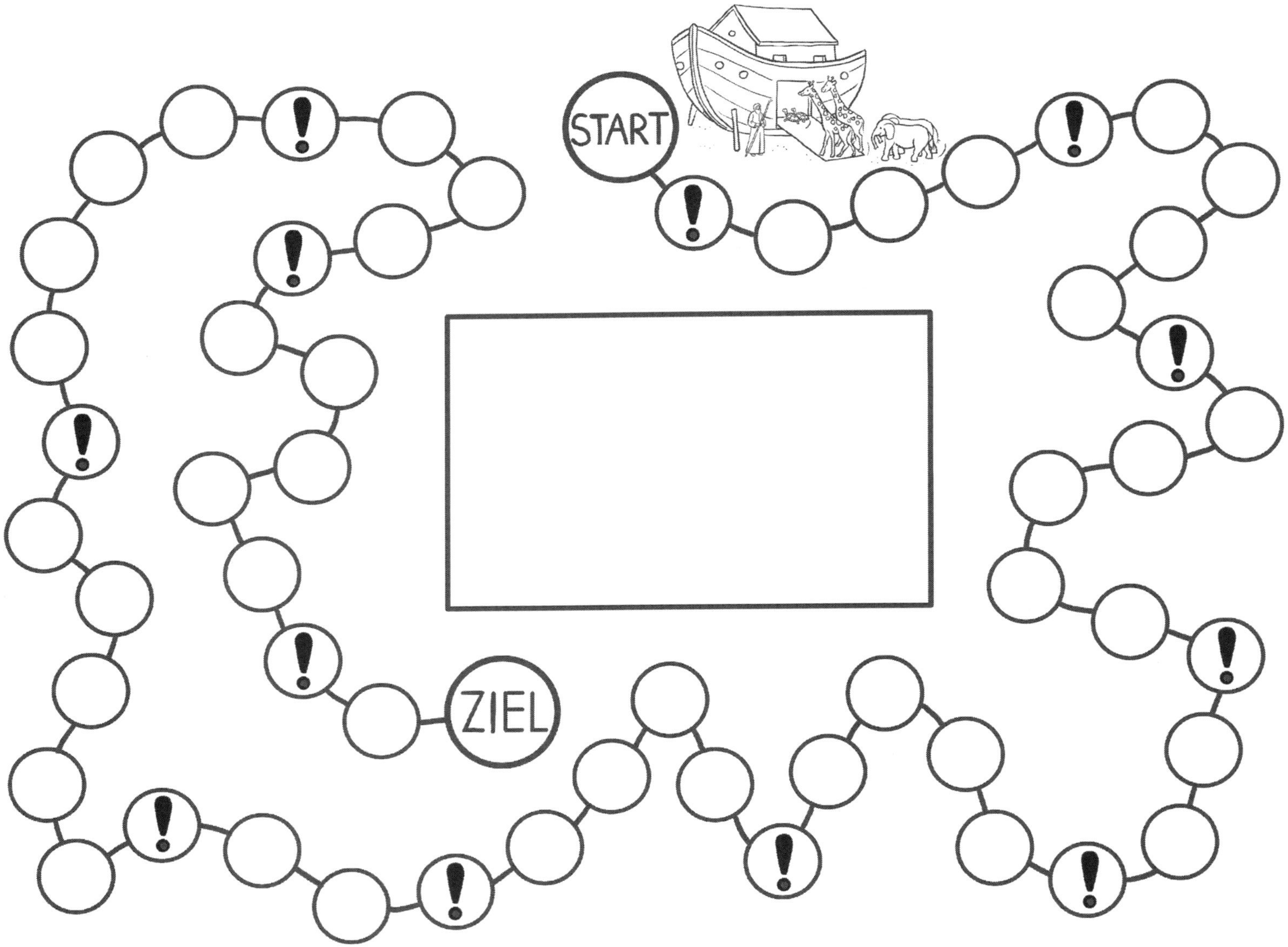

Die Urgeschichte (Puzzle) 1

Die Erzählungen „Die Schlange im Paradies“, „Noah und die Sintflut“, „Kain und Abel“ und „Turmbau zu Babel“ sind Teil der Urgeschichte. Sie stehen ganz am Anfang in der Bibel im Buch Genesis.
Welche Orte, Tiere und Personen kommen in der Urgeschichte vor?

1. **Schneide die Teile aus.**
2. **Lege die richtigen Teile zusammen.**

Tipp: Beginne mit der Karte Adam. Sie linkt oben links.

Welches Wort ist zu lesen? ________________________________

Kain

Abel bereitet ein Opfer für Gott vor. Er schlachtet ein Schaf.

Turm

Die listige Schlange überredet Eva, von der Frucht zu essen.

Jakob und Esau

Noomi wird von ihrer Schwiegertochter Rut begleitet.

Baum der Erkenntnis

Noah wird von Gott gebeten, ein großes Schiff zu bauen.

Garten Eden

Adam ist der erste Mensch. Gott macht ihn aus Erde.

Eva

Von jedem Tier nimmt Noah ein Paar mit auf die Arche.

Die Urgeschichte (Puzzle) 2

Abel

Die Menschen bauen einen Turm, der bis in den Himmel reichen soll.

Schlange

Adam und Eva leben im Paradies, dem Garten Eden.

Noah

Noomi

Jakob und Esau sind zwei ungleiche Brüder.

Tierpaare

Die zweite Taube, die Noah schickt, bringt einen Ölzweig.

Aus einer Rippe von Adam formt Gott eine Frau. Sie heißt Eva.

Adam

In der Arche schützen sich Noah, seine Familie und Tiere vor der Flut.

Kain bereitet ein Opfer für Gott vor: Früchte des Ackers.

Taube